REFLEXIONS
D'UN SUISSE
SUR LES
MOTIFS
DE
LA GUERRE
PRESENTE.

MDCCLVII.

REFLEXIONS D'UN SUISSE,

SUR

LES MOTIFS

DE

LA GUERRE PRESENTE.

DU fond de ma retraite je vois l'Europe en combuſtion: Chrêtien & Philoſophe, j'abhorre le plaiſir cruel, que trouvoit Lucréce à contempler de loin les fureurs de la mer, & les ravages de la foudre ; je pourrois dans la même ſecurité, regarder mes freres s'égorger & ſe détruire ; le pays que j'habite, n'eſt point un objet de cupidité, & ma chaumiére n'excitera jamais la convoitiſe du voleur le plus affamé ; mais avec un cœur ſenſible, pénétré des principes du Chriſtianiſme, & inſtruit

A 2

des

des droits de l'humanité, comment pourrois-je ne pas déplorer le fort malheureux de tant de millions d'hommes, qu'un feul Prince facrifie à fon ambition ?

Je fais, que notre fiécle joint à la dépravation des mœurs, un mépris fouverain pour tout ce qui lui rappelle les devoirs de l'homme, du Chrêtien & du Citoyen. L'efprit d'indépendance ne s'eft établi, que par le ridicule, qu'il a vu jetter fur ces hommes droits & juftes, qui ofent encore refpecter la Religion ; mais fi elle m'enfeigne à detefter l'injuftice, elle m'apprend auffi à méprifer les folies des hommes ; elle me donne le courage d'affronter ce ridicule, qui fait autant d'Athées que la debauche.

J'ofe donc profeffer publiquement des fentimens, qui déshonoreroient un mécréant à la mode ; je n'écris point pour plaire: ma plume au contraire fera trempée dans les larmes, que m'arrache le trifte fujet, qui excite mes reflexions.

La candeur, qui regnera dans l'expofé des faits, fur lefquels je dois établir mes conclufions, ne fera certainement pas du goût de tout le monde ; mais qu'on fe fouvienne, qu'une vérité pour être défagréable, n'en eft pas moins vérité. L'interêt du genre humain, dont je defends la caufe, n'admet point des addouciffemens, qui pourroient alterer & fes droits, & fes defenfes ; on l'attaque fans ménagement, je le defends de même.

Le

Le Prince qui a rallumé le flambeau de la guerre, se porte pour Protecteur de ma Communion; il se donne également pour defenseur des libertés Germaniques : or le Catholicisme eſt au nombre de ces libertés tout comme le Proteſtantiſme; & s'il eſt vrai, que notre cauſe eſt aujourd'hui en danger, le Roi de Pruſſe ſe chargeant de notre defenſe, devra donc faire l'Avocat pour & contre. La ſaine politique ſe permet-elle de pareilles abſurdités?

Guſtave Adolphe n'entreprit de nous ſoutenir, que lorſque nous étions actuellement attaqués ; notre Protecteur moderne, dans l'impatience de nous faire éprouver toute la force de ſa protection, ſuppoſe, que nous ſerons attaqués, il le deſire & fait tout ce qu'il peut, pour nous attirer ce malheur. C'eſt le cas du médecin, qui ſouhaite la fiévre à un homme bien portant, pour avoir le plaiſir de le guérir.

Je tremble, que mes freres ne donnent dans ce piége; je m'en inquiéterois moins, ſi je les voyois dans une aſſiette tranquille & diſpoſés à éxaminer de ſangfroid les motifs de la guerre, qui fait le ſujet de leurs allarmes : mais je dois avouër à notre honte, que la Religion eſt devenuë entre nos mains un interêt de partie; que l'intolérance, que nous reprochions aux Catholiques, paſſe aujourd'hui parmi nous pour une vertu cardinale, & que peu s'en faut, que nous ne nous laiſſions aller à ce fanatiſme ſanguinaire, qui fera deteſter à jamais la journée de St. Barthélemi.

Que

Que je ferois heureux, fi je pouvois calmer cette agitation infenfée & diffiper ce preftige! ouvrage de la politique, qui ne cherche qu'à multiplier les bras qu'elle deftine au fervice de l'ambition.

Effayons: la charité qui m'invite, fecondera mes efforts.

J'ai vû naître ce conquerant, qui fait fi bien affortir à fes vuës les droits de la Religion; & qui fe faifant une étude particuliére des foiblefles des hommes, en triompheroit toujours, s'il connoiffoit les fiennes.

Plus habile à maîtrifer, qu'à gouverner les hommes, il ne leur trouve d'autre mérite que l'o-béïflance; feul reffort de fon fyftéme, de fes finances & de fon miniftére.

La vie de fes fujets, comme leurs facultés, le travail de fes Miniftres, les procédures de fes tribunaux, les opérations de fes finances, l'indu-ftrie de fes marchands, tout doit plier fous un feul principe dominant, que je nommerai gou-vernement militaire, pour couvrir d'un voile cette image vivante du plus rigoureux defpotifme.

Cette funefte pofition fait également le mal-heur de fes états & l'objet perpétuel des allarmes & des inquiétudes de l'Europe.

Les

Les voifins de ce Prince entreprenant fe voyent dans la trifte néceffité de devoir entretenir toujours des armées nombreufes ; l'Autriche & la Ruffie ne peuvent jamais défarmer ; la France fe trouve dans le même cas, & dès lors il s'établit en Europe un fiftéme de guerre permanent.

Quelle horrible fituation ! l'ambition d'un feul homme tiendra donc des millions de bras levés pour la deftruction du genre humain ; l'agriculture, le commerce, la population, toutes les branches nourricières de l'état changeront d'objet ; le citoyen ne travaillera plus que pour nourrir le Soldat, les moyens de defenfe abforberont les moyens de l'éxiftence, & la focieté fe détruira pour vouloir fe conferver.

Ce ne font point là de vaines fpéculations, des craintes chimeriques, ou des prédictions noires d'un politique mifantrope ; c'eft au vrai l'état violent, au quel le gouvernement militaire de Pruffe a réduit l'Europe.

J'établis mes obfervations fur des faits, que perfonne ne peut revoquer en doute.

Qu'on fuive la marche rapide de la puiffance Pruffienne, on trouvera qu'il n'éxifte pas de grand état en Europe, qui ait fçu fe procurer des acroiffemens fi fubits de forces & de poffeffions.

Le

Le Roy regnant a doublé, en moins de douze ans, le formidable état militaire, qu'il avoit hérité de fon pere ; il ne s'occupe au milieu de la paix, que d'arrangemens guerriers, & avec tout cela il veut, que tout le monde croye à fes inclinations pacifiques.

Que ne puis-je effacer de la mémoire des hommes tous les faits, qui reclament contre cette prétenfion ! fi le gouvernement, la puiffance & tout le jeu de la machine, que notre Héros dirige, allarment déja l'Europe, je voudrois pouvoir la tranquillifer du moins fur l'ufage qu'il en fera ; mais hélas ! je ne faurois étouffer la voix de l'expérience.

On fait que les premiers jours de fon regne furent marqués par une violence ouverte, exercée contre un état libre de l'Empire, pour une vetille, pour la pauvre Baronie de Herrftall.

On fait qu'il a été le premier à porter des coups mortels à cette ancienne, à cette refpectable Maifon d'Autriche, qui du fu de toute l'Europe lui avoit fauvé la vie.

On fait que du moment qu'il a crû pouvoir s'affurer quelqu'avantage, il a abandonné fes alliés & a fait la paix avec fon ennemie, fans fe reconcilier avec elle.

On

On fait qu'il avoit à peine refait fon armée, qu'impatient de l'employer à de nouvelles conquêtes, il fabriqua l'union de Francfort; fe ménagea une part confidérable dans le royaume de Bohéme, rompit le traité de Breslau & protefta à tout l'univers, qu'il ne faifoit la guerre qu'à tître de defenfeur des libertés Germaniques.

On fait que le traité de Dresde ne fut encore qu'une fuite de l'état delabré de fes armées: & que la générofité y eut fi peu de part, que contre l'ufage des nations policées, il étendit l'effet de la guerre bien avant dans le cours de la Paix, en fe faifant payer jufques à la derniére obole les contributions énormes, qu'il avoit impofées à la Saxe.

De tous ces faits ne refulte-t-il pas, que le Roy de Pruffe n'a deftiné fes forces, qu'à faire des conquêtes; que les Traités les plus folemnels n'ont pû garantir fes voifins de fes entreprifes, qu'il n'a négligé aucune occafion favorable à fes vuës, qu'il n'eft aucunement fcrupuleux fur le choix des moyens, & qu'enfin notre Religion & les libertés Germaniques ne font entrées dans fon plan, que pour figurer dans fes manifeftes?

Telle eft la reputation, que ce Prince a remportée de fes guerres, & quiconque lui voit prendre les mêmes mefures pendant la paix, ne peut-il point auffi en tirer les mêmes conféquences?

 Un

Un gouvernement militaire entre les mains d'un tel Prince , quel fujet de frayeur pour fes voifins , quel objet d'allarmes pour tout le monde ! feroit-il étonnant , fi toutes les puiffances chrê-tiennes s'étoient liguées contre cette affreufe maxime , qui, introduifant en Europe un Etat de guerre permanant, ne permet à aucun Prince de faire jouir fes fujets des doux fruits de la paix , & les met tous dans une fituation oppofée au plus grand bien , que les hommes peuvent demander à l'Etre fuprême.

Combien de fois mes freres, n'ai-je pas dé-ploré cet aveuglement fatal , qui ne vous per-mit de voir dans les victoires de notre héros, que des victimes immolées à notre foi, & dans fon affreux fifteme qu'une continuation des méfures capables de faire refpecter le Proteftantifme. Je vous ai vûs dans cette yvreffe , feconder tous fes deffeins à la Diéte ; étouffer les plaintes de nos propres freres, qu'il opprimoit, & les clameurs de fes peuples , qui fuccomboient fous le poids des tailles & des impofitions.

Si pendant la paix la Cour de Berlin avoit changé de principes, d'inclinations, & de fiftème l'Europe auroit peut-être oublié les injuftices , & les violences , fur lefquelles elle a établi fa grandeur; mais fon plan eft immuable , & elle ne profite de la paix, que pour fe préparer à la guerre.

Com-

Commençons d'abord par fes arrangemens domeftiques.

Le premier objet, qui s'offre à ma vuë, font ces Cantons militaires deftinés à recruter fes armées. Ah ! mes freres, quel fpectacle pour l'humanité! l'enfant reçoit en naiffance la marque de fon efclavage ; l'adulte eft arraché du fein d'une famille, dont il faifoit l'unique foutien; le mari d'entre les bras de fa femme; le Prêtre de l'autel ; regardés, mes freres, cette Siléfie autrefois fi fertile ; des familles, des villages entiers fe fauvent dans les bois, pour fe fouftraire à ces horribles violences, & périffent de faim & de mifère ; l'Officier, qui regarde fa compagnie comme une métairie, trafique avec les fujets de fon Souverain, avec leurs enfans, leur fang & leurs biens.

Eft-ce là le fceptre, que vous adorés ; eft-ce là le Souverain, que vous demanderiez au maître de l'univers? il ne pourroit vous l'accorder, que dans fa colère ; le repentir fuivroit bientôt le délire, dans lequel je vous vois, & ces mêmes Pafteurs, qui vous prêchent aujourd'hui ces fureurs, expieroient leur faute fous le bâton militaire, & auroient le moufquet pour recompenfe.

Mais peut-être les finances de notre héros font-elles dirigées dans un efprit bien-faifant, qui fait réparer les brêches, que le firftême militaire

fait

fait à la population? je trouve encore dans cette branche le principe dominant de fon fiftême.

Un fifc inexorable marche par tout avec des fatellites, qui font trembler le débiteur, & enfeignent la patience au créancier ; mille moïens de compenfation font emploïés à éteindre les dettes de l'Etat ; nul malheur, nulle raifon ne peuvent exempter le fujet d'acquitter les fiennes.

Les hôtels de Monnoyes livrés à l'avidité des Juifs, au lieu de produire ce lien univerfel du commerce, qui fait le motif primordial de leur inftitution, ne livrent plus que des efpéces, qui exclüent prefqu'entiérement la Pruffe de toute communication avec des pays commerçants ; quatre-cents écus de plus font faire un nouveau bail, & décident de l'aloi de cette méfure univerfelle des facultés du païs ; elle n'eft plus digne de l'empreinte, qu'elle porte, elle derange même au lieu d'enrichir les finances.

Que diriez-vous, mes freres, fi quelqu'un dépouilloit vos coffres de ces marques de l'ancienne bonne foi Germanique, que vous y referrez, & les remplaçoit par les productions modernes de la fabrique de Berlin ? votre foi foutiendroit-elle cette épreuve ? pardonnez-moi ce ton ironique fur une matiére fi grave ; mon intention eft pure ; je pourfuivrai votre Pruffiomanie jufques dans fon dernier retranchement ; j'entreprends votre guérifon, & je ne négligerai aucun reméde.

Voyons

Voyons à cette heure le culte, que vous rendez à la Thémis Pruſſienne. Si l'on diſpoſoit de vos biens, de vos perſonnes, de vos enfans, & de tout ce que vous avez de plus cher au monde, d'après les principes du déſpotiſme, qui gouverne votre terre de promiſſion, la Pruſſe ; que vous reſteroit-il, quel ſeroit l'objet du code Fréderic, que vous auriez adopté ? un champ ſtérile, des maiſons dans le cas de la malediction judaïque, où croit l'herbe ; de ces vaches maigres, que Pharaon a vuës en ſonge ; regardez Breslau, regardez la Siléſie, ce beau champ du régne de votre Thémis.

Un miniſtère intègre, ſage, habile, éclairé, ne ſauroit-il pas trouver du remède à ces maux ? non, mes freres, ces honnêtes gens ne ſont ni conſultés, ni écoutés ; on borne leurs fonctions à rendre & à annoncer les Arrêts, que prononce le Cabinet de Potzdam : & on leur impoſe la tâche cruelle, de juſtifier par des écrits des actions, qu'ils deteſtent dans le fond de l'ame ; ne voyez-vous pas encore, que ſous ce gouvernement militaire tout le monde eſt à la gêne, perſonne ne peut reſpirer, beaucoup moins parler, ni même penſer tout haut.

De-là le cas ſingulier, ou l'on ſe trouve chaque fois, qu'on doit écrire, ou parler contre la Cour de Berlin ; cette dénomination eſt ſans objet : attribuer au miniſtère des principes, &

des

des procedés, qu'il abhorre, ce feroit pêcher contre la charité ; en nommer publiquement le véritable Auteur , ce feroit bleffer les égards refpectueux, qu'on doit à la Majefté. Nouveau genre d'embarras & de peines inconnû jufqu'à préfent dans l'ordre politique ! L'on ne fauroit néanmoins fe voir opprimer, & s'interdire en même tems les juftes moyens de défenfe ; & contre qui les employer ? Le Roi de Pruffe eft lui-même fon Miniftre, fon General, fon Financier, fon fiftême & fon ouvrage ; attaquer ce fiftême, c'eft bleffer fon Auteur ; mais puifqu'il veut feul en avoir & la gloire & le profit, il eft jufte, qu'il en porte auffi tout feul le blame, & l'injuftice.

Tel eft notre héros dans le fein de fes états, & tel fe montre-t-il au déhors.

Déja feu fon Pére, ce Roi honnêt-homme, par le foible, qu'il eut pour les hommes de grande taille, avoit fes enrolleurs repandus par tout : enlévemens, rapts, féductions, fourberies, trahifons, rien ne fut oublié dans cet abominable commerce de fang chrêtien.

Mais ce qui fe pratiquoit alors dans les ténébres, on veut aujourd'hui s'en faire un droit, & l'exercer en plein jour.

Fréderic annonce à tout l'Empire :

Qu'il

Qu'il a le droit, de recruter par tout dans cette République de Souverains, &c. Que tout Prince, qui pourroit trouver dans ſes états, même en flagrant délit, un Officier, ou Soldat Pruſſien, doit le renvoyer à ſon régiment, le Roy étant ſeul Juge ſouverain de ſes ſujets.

Je rougis pour vous, mes freres ; croiriez-vous, qu'il ſe fut trouvé à Ratisbonne des gens diſpoſés à juſtifier ces attentats? ces vils adulateurs, ces ames de bouë étoient prêts à ſouſcrire à des décrêts, qui flétriſſoient du plus indigne eſclavage l'indépendance de leurs Maîtres.

Fréderic, ce généreux Defenſeur des libértés Germaniques, ce Héros ſacré du Proteſtantiſme, commença l'exécution de ces décrêts dans un pays proteſtant ; le Mecklenbourg fut mis en interdit, parceque ſon Souverain auſſi indépendant, que le Roi de Pruſſe, avoit crû, qu'au défaut même des conſtitutions de l'Empire, & de toute loi écrite, l'humanité ſeule lui permettoit de próteger ſes ſujets contre l'inhumanité des raviſſeurs Pruſſiens. Bien loin de repouſſer la force par la force, le Duc ſe contenta de faire publier un édit contre ces enrolleurs furieux.

C'eſt-là le crime de notre fiere le Duc de Mecklenbourg ; la ſimple défenſe, à laquelle

quelle il ne pouvoit pas même renoncer fans fe
rendre complice des violences, qu'on exerçoit
contre fes fujets., cette fimple défenfe eft auffi
un crime, parcequ'elle eft dirigée contre votre
Fréderic. Si vous adoptiés cette affreufe morale
de Catholique à Proteftant, j'en trouverois l'excufe
dans votre fanatifme ; mais de Proteftant à Proteftant, vous êtes donc fans principes , vous
plongés le poignard dans votre propre fein ; vous
livrés vos propres enfans à l'efclavage. Helas !
mes freres, Dieu vous a frappé d'aveuglement ;
ce font vos Pafteurs, les F. . . . . les S. . . . .
les U. . . . . ces Sacrificateurs frénétiques, qui
vous livrent, pieds & mains lies à Moloch.

Les Catholiques cependant fe préparoient
à voler au fécours de notre frere opprimé ; il
avoit porté fes plaintes à la Diéte, elle alloit
prononcer, lorfque la rufe vint au fécours du
defpotifme.

Notre frere le Duc auffi touché des calamités
de fes fujets, gémiffans dans la captivité Pruffienne, que jaloux de fon indépendance, fe prêta
à un accommodement ; mais la politique, qui en
avoit conduit la trame, contente d'avoir fouftrait
aux loix l'objet de la querelle, ne s'embaraffa
plus de la fatisfaction promife au Duc ; la convention n'eft point encore ratifiée, & la plûpart
de fes fujets captifs , élevés dans les emplois
civiles, & accoutumés à un genre de vie tranquille

quille & aifé, n'en reſſentent encore que plus
vivement les meurtriſſures du baton, qui les
façonne en foldats Pruſſiens.

A ces procedés affreux, Fréderic joint une
arrogance encore moins ſupportable ; il traite le
Roy d'Angleterre, ce chef reſpectable du Proteſtantiſme, de cadet des Electeurs ; c'étoit dans
le tems, que ſes interêts ne s'accordoient point
avec les méſures patriotiques, que vouloit
prendre ce grand Prince pour l'élection d'un Roy
des Romains.

Et nos freres les Anglois, cajolés aujourd'hui
pour leurs Guinées, quelles marques de gratitude
ont - ils reçu des ſervices importants, qu'ils
avoient rendus à leur Héros par les préliminaires
de Breslau, & par l'empreſſement imprudent,
avec lequel ils lui garantirent ſes nouvelles poſ-
ſeſſions ? ils s'étoient ſtipulés le payement regu-
lier des dettes de Siléſie ; on leur en paya
effectivement quelques canons ; mais on ceſſa
tout d'un coup ; le prix des billets baiſſa au point,
qu'on les vendit à ſoixante pour cent de perte ;
l'induſtrie Pruſſienne manœuvra ſous main ; on
acheta les billets à ce bas prix, & lorſqu'on crut
en avoir ramaſſé la plus grande partie, on offrit
de nouveau le rembourſement ; il ne ſe trouva
quaſi plus de billets, & les Anglois furent la
duppe de leur nouvel ami. Le miniſtère n'éprou-
va pas moins, que la nation, l'inconſtance & la
fragilité

fragilité du nouvel appui, qu'il croyoit s'être procuré par l'alliance, qu'il venoit de faire avec le Roy de Pruffe. On reclama fon fécours, lorfque la France déclara la guerre à l'Angleterre en 1744. Mais ce Prince, qui méditoit alors le plan de l'union de Francfort, directement oppofée au Traité de Breslau, & aux engagemens, qu'il avoit pris avec les Anglois, leur repondit du ton le plus dédaigneux; peu s'en fallut, qu'il ne les declarat aggreffeurs: il ne fe donna pas feulement la peine de chercher un prétexte plaufible pour couvrir fa défection, & le miniftère Anglois, qui par fon Traité & par les faveurs, dont au détriment de fon ancienne Alliée, la Maifon d'Autriche, il combla le Roi de Pruffe, croyoit avoir mis la première pierre à un nouveau fiftème Proteftant dans le continent; auroit pû s'appercevoir dès lors, que Fréderic fe liguant avec une Puiffance Catholique, Catholicifme, Proteftantifme, Judaifme & Mahometifme, rien ne tiendroit contre l'interêt privé d'un Prince, qui par fiftème & par inclination facrifieroit le repos de l'univers à l'acquifition d'un pouce de terre.

Ce trait pourroit à la vérité être regardé comme un anacronifme; il n'appartient point au tems de paix, dans lequel je me fuis propofé de voir manœuvrer Fréderic; mais il n'interrompt, ni dépare l'Hiftoire des tendreffes, dont il accable les Puiffances Proteftantes, & dans laquelle je me trouve actuellement engagé.

La

La Saxe épuiſée rentra par la Paix de Dresde ſous la domination de ſon Souverain legitime; mais il ne fut pas pour cela maître chez lui. La Cour de Berlin, qui nous donne aujourd'hui ce Traité pour un monument de ſa généroſité, trouva moyen de le faire ſervir de titre à des exactions, que l'honnêteté permet à peine de nommer; on vit paroître un nouveau genre de leurre: par une opération à peu près analogue à celle, qu'on avoit pratiquée en Angleterre, on ramaſſa autant, qu'on pouvoit trouver de billets de la Steuer, & l'on en exigea le payement en pleine paix avec une rigueur ſemblable à une exécution militaire.

Le commerce de la Saxe fut ſoumis à l'arbitrage de Berlin. Par des avanies multipliées, on força le miniſtère Saxon à un accommodement: on convint de baiſſer de part & d'autre les droits d'entrée & de ſortie; mais la Saxe, ce pauvre nain vis-à-vis du géant Pruſſien, devoit par reſpect faire le premier pas, elle s'y ſoumit, revoqua ſes ordonnances, & la Pruſſe maintint les ſiennes contre la foi d'une convention, qui venoit d'être arretée. La Saxe voulut s'aider moyennant une nouvelle route, qu'elle concerta avec Hannovre & Brunswic, pour éviter le territoire Pruſſien: le Roy des Proteſtants, qui ſe voyoit dans le cas de perdre par-là la valeur de l'entretien de quelques compagnies de grénadiers, parle, menace; tout le monde tremble, & Hannovre & Brunswic voyent tranquillement

C 2

violer

violer leur territoire par l'enlevement de plufieurs
chariots, exécuté à main armée fous lés yeux de
leurs troupes.

Lâche politique, complaifance infenfée, que
le Prince, qui en profite, paye du mepris le plus
outrageant !

C'eft toujours Fréderic dans la paix, que vous
voyez, mes freres, & c'eft avec vous, qu'il eft
aux prifes. Je ne vous rappelle point plufieurs traits,
qui caractérifent un Prince de l'Empire, fe croyant
au deffùs de toutes les loix, recueillant foigneufe-
ment ce qui fe trouve dans les conftitutions de
favorable à fes interêts domeftiques, & rejettant
hautement ce qui pourroit le gêner dans la moindre de fes vuës, recufant les tribunaux publics
en tout ce qui bleffe fes prétenfions, & fe pré-
fentant d'abord avec cent mille hommes pour
foûtenir leur autorité, dès qu'ils lui adjugent la
moindre vétille, ne payant pas le fol dans les
charges communes de l'Empire, & lui demandant
des Etats en recompenfe des fervices, que fa
Maifon n'a rendûs qu'à elle-même, fe diftinguant
enfin par une oppofition éternelle à l'autorité du
chef commun de cette republique de Souverains.

Tous ces procedés ne font qu'un amufement
pour le grand Fréderic: placé dans le centre de
fon fiftème militaire, les grands refforts de cette
machine épouvantable ne font dirigés, que contre

fa

fa rivale la Maifon d'Autriche ; pour conferver la Siléfie , il faut écrafer cette maifon ; c'eſt l'arrêt, qu'il a prononcé au fond de fon cabinet de Potzdam.

Vos Paſteurs , mes freres , crieront à l'apoſtaſie ; comment : un Proteſtant défend la cauſe de la Maifon d'Autriche ? oui , un Proteſtant ; mais un Proteſtant honnête homme , un Proteſtant Chrêtien , & non pas un Proteſtant Pruſſien. Je lis , je vois , j'écoute , je penſe , je reflêchis , je combine , je juge , je blame , ou je louë , j'adopte , ou je rejette ; je fuis homme enfin , & je tache de me fervir de ma raifon : l'état oppofé eſt celui de la brute ; mais je parle à vous , mes freres ; pourſuivons.

Fréderic , pour écrafer fa rivale , a fait jouer differents reſſorts. Il s'eſt fait une étude de déclamer contre elle dans toutes les Cours , & principalement en France , & en Turquie.

Il envoya l'année paſſée à Conſtantinople, un certain avanturier nommé Hauden, autre fois Précepteur des enfants du négociant H. . . . . . Il le mafqua fous le nom de Rexin, fa commiſſion ne roula en apparence, que fur un Traité d'amitié, qu'on vouloit propofer à la Porte, & que Fréderic, après que la mine fut éventée, voulut faire paſſer en Europe pour un Traité de commerce ; mais les inſtructions fecrettes de cet emiſſaire

n'etoient

n'étoient qu'un tiſſu d'impoſtures & de calomnies contre la Maiſon d'Autriche. Il devoit la peindre aux Turcs comme livrée à tous les projets qu'on ſuppoſoit à la Ruſſie ; il devoit feindre un concert entre ces deux Puiſſances pour attenter aux libertés de la nation Polonoiſe, & puis tourner leurs efforts contre la Porte même : mais les Turcs, qui recevoient actuellement les témoignages les plus éclatans de la bonne foi de ces deux Cours, renvoyent ce chetif emiſſaire.

Le Cabinet de Potzdam donna à cette occaſion une nouvelle marque de ſa politeſſe à la Cour de Suéde. On adreſſa Hauden directement à l'Envoyé de Suéde à Conſtantinople, & on exigea de lui de feconder les opérations de cet emiſſaire ; la Cour de Suéde fenſible à des procedés ſi deplacés s'en plaignit ; mais Fréderic accoutumé au ton militaire, prit extrémement haut la juſte fenſibilité de cette Cour : il croyoit lui faire beaucoup d'honneur en diſpofant de ſes Miniſtres, comme de ſes propres ferviteurs, & oſa demander ſatisfaction à la Suéde offenſée.

La mauvaiſe réuſſite de cette noire cabale ne decouragea point la Cour de Berlin ; elle refolut de faire une nouvelle tentative auprès de la Porte, & deſtina à cette tenebreuſe miſſion un autre avanturier nommé Varénne, qui eſt encore en Turquie.

Fréderic

Fréderic ne fe donna nulle part plus de peine, qu'en France, pour fufciter des ennemis à la Maifon d'Autriche. C'étoit là, où il avoit établi le centre de fa politique.

Je ne parlerai point de toutes les calomnies, de toutes les infinuations infidieufes, qu'il y repandit contre fa rivale, ce n'étoient que des méfures préparatoires au grand coup, qu'il vouloit frapper.

Il voyoit avec un plaifir infini en approcher le moment, à mefure que s'aigriffoit là querelle, qui s'étoit élévée entre l'Angleterre & la France.

Le Baron de Knipphaufen eût ordre, de déclamer contre les Anglois, & il tint en effet les propos les plus indécents à leur fujet ; ce n'étoit point pour prôner la juftice de la caufe des François, c'étoit pour les échauffer, & pour les porter fur les Pays-bas Autrichiens.

La fageffe, la modération & la juftice de Louis XV. étoient autant d'objets d'ennui pour Fréderic, & autant d'obftacles à fes pieux deffeins ; il traitoit de pufillanimité, ce qui n'étoit qu'un fiftème reflêchi dans le Miniftére François.

En attendant, la convention, que les Anglois avoient entamée avec la Ruffie pour un corps de 60. mille hommes s'avançoit, & Fréderic dans le le cas même, qu'il eut porté les François à tomber fur les Païs-bas, auroit pû en attaquant de fon côté l'Autriche, fe trouver 60. mille Ruffes en dos.

C'étoit là un inconvénient de grande conféquence ; mais un génie transcendant ne trouve rien au-deffus de fa portée ; Fréderic imagina, pouvoir être à la fois l'allié des Anglois, l'ami des François, l'antagonifte des Ruffes, & le dictateur des Autrichiens ; il vouloit diriger les efforts de la France directement contre les poffeffions de l'Autriche ; il vouloit enlever à fa rivale fes amis, & lui attirer des ennemis, tenir les Ruffes dans l'inaction, profiter des guinées des Anglois, & fe mettre enfin dans le cas de pouvoir à fon aife écrafer l'Autriche. Il faut avouer, que le projet a été digne du Cabinet de Potzdam ; la juftice, l'équité & la bonne foi en étoient fi decidément excluës, que rien n'auroit pû en embaraffer l'éxécution ; Fréderic profita de l'inftant, où il vit le Roi d'Angleterre allarmé pour fon Hannovre, & fon Miniftére piqué contre les Autrichiens, & il conclut avec l'Angleterre le traité du 16. Janvier 1756.

Quelle adreffe de favoir renfermer en quatre mots des vuës fi vaftes ! garantir l'Angleterre & Hannovre c'étoit interdire à la France d'attaquer fon ennemi, à moins qu'elle ne voulut fe brouiller avec fon ami Fréderic ; excepter avec affectation
les

les Pays-bas de la neutralité ſtipulée pour l'Empire, ſans autorité, & ſans commiſſion, c'étoit
dorer la pillule à la France, & fixer ſon reſſenti-
ment ſur une poſſeſſion de la Maiſon d'Autriche ;
c'étoit mettre l'Impératrice dans l'indiſpenſable
néceſſité de dégarnir le centre de ſes états
pour en defendre une branche éloignée vis-à-vis
de la France : s'engager à s'oppoſer à l'entrée de
toutes trouppes étrangères en Allemagne, c'étoit
barrer le chemin aux Ruſſes, & les congé-
dier avant qu'on fut le maître de les employer ;
car le Roi de Pruſſe ne concevoit pas, qu'une
puiſſance ſi formidable pût ſe remuer ſans les
ſubſides de l'Angleterre : ſtipuler enfin avec
tout cela des guinées, c'étoit ſe faire payer par
l'Angleterre du grand ſervice qu'on lui rendoit,
d'anéantir ſans danger, & ſans dépens la Maiſon
d'Autriche.

Que le moment de la ſignature de ce traité
doit avoir été doux, & flatteur pour Fréderic !
Il ſe voyoit à la veille de recueillir les fruits d'un
ſiſtéme entier de violences, de mauvaiſe foi, &
de perfidie ; de pouvoir effacer par la ſupériorité de
ſa puiſſance juſques aux traces des voyes iniques,
par leſquelles il y ſeroit parvenu ; de faire trembler l'Europe, de pouvoir préſcrire des loix à la
France même, à qui il avoit tant d'obligation, &
d'étendre enfin par tout ſon deſpotiſme, deſtructeur
du genre humain.

Mais la providence, qui veille à ſa conſervation, a voulu l'en préſerver ; elle a diſſipé les

D

pré-

préjugés funeſtes, qui diviſoient depuis quelques
ſiecles les deux puiſſantes Maiſons d'Autriche, &
de Bourbon ; elle a renverſé ce mur de ſépara-
tion, cette rivalité, qui les empêchoit de ſe con-
noître, & d'approfondir leurs interêts recipro-
ques ; elle a fait naître dans le cœur des ſou-
verains, qui s'éſtimoient, le deſir de cimenter
par une amitié perſonnelle, la félicité de leurs
peuples, le repos de l'Europe, & le bonheur de
la Chrétienneté ; ces ſentimens fructifièrent, &
le traité de Verſailles parut ; gage prétieux, qu'une
main reſpectant la juſtice, préſente au Proteſtantiſme, qui trouve dans la confirmation des traités
de Weſtphalie un nouveau principe de vie, de
conſervation & d'accroiſſement.

Ce coup de la providence déconcerta Fréderic
& le remplit d'inquiétudes & d'allarmes. Tout
plein de ſes vaſtes projets il voyoit avec une
douleur extrème, qu'il falloit y renoncer au moment même, qu'il croyoit en avoir aſſuré la
réuſſite ; il avoit dès l'année dernière augmenté
encore de ſix ou ſept bataillons des armées toujours
prêtes à marcher, à opérer, à frapper ; il avoit
conſtamment ſacrifié à cet objet favori ſes ſoins,
ſes peines, ſes veilles, ſes revenus, les traités, la
bonne foi, la juſtice ; ce n'eſt que dans cette vuë,
qu'il s'étoit expoſé aux ſuites des juſtes appréhen-
ſions, que l'Europe pouvoit donner à toutes les puiſſances de ſon gouvernement militaire ſoutenu par
mille violences ; dechû de cet éſpoir flatteur, il ne
put ſe diſſimuler les juſtes ſujets de mécontente-
ment,

ment, qu'il avoit donné à ſes voiſins, ni la néceſſité, dans laquelle il les avoit mis de prendre des
meſures contre des deſſeins, que le paſſé donnoit
droit de lui ſuppoſer, & que le préſent autoriſoit
de croire. Dans cette agitation il lui arriva ce qui
arrive à tout homme livré à ſes paſſions, il alla
au de-là du terme, que préſcrit la prudence, il n'é-
couta plus que les ſoupçons, que peut inſpirer
une mauvaiſe cauſe. Il crut, que la peine du ta-
lion ſuivroit de près ſes projets injuſtes, & il
regarda l'alliance de Verſailles comme la baſe
d'une ligue, qui alloit ſe former contre lui ; tout
lui faiſoit ombrage. Il voyoit armer & déſarmer
les Ruſſes. Il voyoit l'Autriche tranquille, la
France ſenſible à ſa défection, & peu diſpoſée par
conſéquent à renouveller un traité, qui expiroit.
Il cherchoit du miſtère en tout cela, & ſe laiſ-
ſant aller enfin à ſon impétuoſité naturelle, il ſe
diſpoſa à écraſer la Maiſon d'Autriche, avant qu'elle
put raſſembler ſes forces diſperſées dans la Hon-
grie, aux Païs - bas, & en Italie. Il mit
toutes ſes troupes en mouvement, il fit préparer avec une vivacité incroyable des trains d'ar-
tillerie & des vivres, & lorſqu'il ſe crut en état
de ſurprendre la Bohéme, & de pénétrer juſques
en Autriche, il ſongea à ſe ménager un prétexte
& demanda à la Cour de Vienne, pourquoi elle
armoit; rien ne pouvoit certainement s'imaginer
de plus indécent que cette demarche. Toute l'Europe étoit déja allarmée des préparatifs, qu'on
faiſoit à Berlin, perſonne ne ſe trompoit ſur leur

D 2 objet

objet, tout le monde blamoit la lenteur des Autrichiens, & le Roi de Pruſſe leur demande, pourquoi ils arment ? encore aujourd'hui on ſoutient avec une effronterie qui marque tout le
mépris qu'on a pour le Public, que l'Autriche
a été la première à courir aux armes.

Voilà les véritables motifs, qui ont porté
notre conquérant à mettre de nouveau l'Europe
en combuſtion : ce qui devoit être la ſuite né-
ceſſaire d'un ſiſtéme établi, reflêchi, médité, ſoutenu & ſuivi avec autant de depenſe que de
violence, eſt devenu par accident un éclat d'im-
prudence, & une démarche dictée par un eſprit
livré aux agitations d'un cœur déchiré par mille
inquiétudes.

La reponſe, que la Cour de Vienne fit à la
demande du Roi de Pruſſe n'étoit pas moins ſatis-
faiſante que claire, & poſitive ; l'Impératrice déclara, que ſes arrangemens n'étoient que défenſifs, & ne tendoient au préjudice de perſonne.
Quant à la premiére partie de cette reponſe,
perſonne ne pouvoit moins, la revoquer en doute,
que le Roi de Pruſſe : il avoit été le premier à ſe
préparer à la guerre, ainſi l'Autriche devoit de néceſſité ſe préparer à la défenſe. Il ne dépendoit encore
que de lui de ſe procurer ſur l'autre partie toutes les
ſuretés imaginables : il n'avoit qu'à prendre la
Cour de Vienne au mot, & lui déclarer, qu'il
obſerveroit religieuſement les traités, qu'il déſar-
meroit par conſéquent, & qu'il éſperoit que cettte
Cour ceſſeroit également des préparatifs, qu'elle
diſoit

difoit n'avoir pour but, que fa défenfe & celle de
fes alliés.

Mais le Roi de Pruffe craignoit apparemment,
que par des procedés, fi honnêtes il ne perdit l'occafion d'écrafer, ou du moins d'humilier la Cour
de Vienne, & pouvant échouer fur le premier de
ces deux objets, il voulut du moins s'affurer du
fecond.

Dans cette double vuë il conçut la piece la
plus informe, la plus indécente, & en même tems
la plus inconféquente, qui ait jamais été prefen-
tée à aucune Cour de l'Europe.

Informe, parceque les conftructions & les pé-
riodes n'en étoient pas même intelligibles :

Indécente par le ton, & par les expreffions :

Et *inconféquente*, parce que le Prince qui craignoit d'être attaqué, y infultoit ouvertement les
puiffances qu'il vouloit, par la démarche qu'il faifoit, charger du blâme de l'agreffion.

Tel étoit le mémoire que Klingræff préfenta
le 18. d'Aouft à la Cour de Vienne ; il eft entre
les mains de tout le monde, cela m'épargne la
peine de l'inférer ici. Je ne ferai qu'en extraire
les propofitions bizarres, qu'il contient:

" On fait que la Cour de Vienne a fait au mois
,, de Janvier paffé un alliance offenfive avec la
,, Cour de Petersbourg, contre le Roi de Pruffe.

" Ainfi ce Prince éxige, que la Cour de Vienne
,, s'engage à ne point l'attaquer ni cette année-ci
,, ni l'année prochaine. Quel raifonnement ! les
prémiffes n'indiquoient qu'un foupçon de guerre

&

& dans la conféquence on demande une tréve, qui fuppofe une guerre actuelle. La Cour de Vienne ne pouvoit ni avec fureté, ni avec dignité doñer les mains à une propofition fi extraordinaire ; elle étoit diamétralement oppofée aux traités éxiftans, qui établiffoient entre les deux parties une paix permanente, & pouvoit-on fuppofer à un Prince, qui par fa demande même violoit ces traités, plus de Religion dans l'obfervation d'une treve ? Accepter cette tréve ç'eut été d'ailleurs avouer la raifon inductive, qu'on donnoit au Roi de Pruffe, ç'eut été affirmer l'éxiftence de ce traité offenfif entre l'Autriche & la Ruffie ; ç'eut été adopter une fauffeté palpable, & cela uniquement pour obéïr à Fréderic menaçant. La Cour de Vienne prit donc l'unique parti, qui lui reftoit à prendre, c'étoit de fauver fa dignité, de pourvoir à fa fureté, de fe prévaloir de la juftice de fa caufe, & d'abandonner le refte à la providence. Au lieu de foufcrire à l'humiliation, par laquelle on vouloit la faire paffer, elle humilia elle-même fon ennemi par le démenti formel, quelle lui donna fur ce traité offenfif, qui, de fon propre aveu, fe trouve aujourd'hui n'être qu'un engagement defenfif, éxiftant depuis 10. ans.

Fréderic plus heureux dans fes combinaifons militaires, que dans fes mefures politiques, avoit fixé au 18. Août l'époque de fes premieres hoftilités ; mais la faute, que fit fon Miniftre le Sr. Klingræff de lui demander de nouveaux ordres, s'il devoit donner par écrit la propofition, dont il

étoit

étoit chargé, lui fit perdre 8. ou 10. jours il : ne
put éclater, que vers la fin du mois.

Se montrant alors avec tout l'appareil d'un
conquérant, qui alloit fubjuguer la Saxe en paf-
fant, inonder la Bohéme, & donner la loix fous
les remparts de Vienne ; il crut, que la terreur
le dévanceroit en Autriche, & qu'il arracheroit
enfin à fa rivale l'indigne engagement, qu'il lui
avoit propofé d'une tréve de deux ans à faire en
pleine paix. Il commença par là traiter d'ennemie dans un manifefte imprimé, & lui fit demander de nouveau cette tréve ignominieufe.

Mais on lui répondit encore fur un ton, que
dans un moment fi critique, on ne peut prendre,
que par l'effet de la confiance qu'on met dans
la juftice de fa caufe.

Fréderic en attendant, que Vienne fe fut ou
humiliée, ou offerte à fes coups, s'empara de la Saxe.

Quoi de plus oppofé à toute idée du jufte, &
de l'honnête que les manœuvres, qu'on a prati-
quées, & les motifs qu'on a voulu faire valoir
pour juftifier la guerre, & les cruautés, qu'on
exerce encore actuellement dans ce malheureux
païs.

Pour s'en convaincre, il n'y a qu'à tirer une
conféquence jufte de cet enchainement de principes, d'actions & de faits, que je viens de rapporter ; j'abandonne cette opération à tout honnête
homme, qui a de la religion, & de la probité, je
dis plus, même au politique le plus affranchi
des principes de la morale, & uniquement appli-
qué

qué à sauver les apparences ; qu'un tel homme place les raisons de la Cour de Potsdam vis-à-vis de ce qu'elle a fait & fait encore, & qu'il prononce.

On se rappellera sans doute d'abord, que Fréderic en inondant la Saxe avec 60000. hommes déclara de bouche, par unécrit signé de sa propre main, & par des imprimés publics : & cela pendant trois semaines consecutives ; qu'un simple motif de convenance appuyé sur les regles de la guerre le forçoit malgré lui, à en venir à cette extrémité vis à-vis d'un Prince, pour la personne duquel il avoit d'ailleurs des sentimens d'éstime & d'amitié : rappellant au reste ce qui s'étoit passé en 1744. & promettant néanmoins toutes sortes d'égards pour la Famille Royale, s'engageant à regarder la Saxe comme un dépot sacré, & souhaitant voir arriver bientôt l'heureux moment où il pourroit la resti-tuer à son souverain.

Il n'y a pas un seul mot, dans toutes ces décla-rations qui n'éxigeât un commentaire particulier; mais je me bornerai à quelques observations bien simples.

D'abord le droit de convenance pris dans le sens, qu'on lui prête dans les écrits Prussiens, & tel qu'on l'exerce effectivement, est une abomi-nation. Il convient sans doute à Fréderic, que rien ne s'oppose à ses desseins, & dès lors tout Prince qui a des troupes, ou des sujets seulement, doit subir le sort de la Saxe ; car il pourroit con-vénir à Fréderic de se porter par tout, ainsi il ne doit trouver nulle part des obstacles.   Le

Le droit de la guerre ne l'autorifoit, qu'à demander un paffage libre, qu'on lui a offert &
même bien plus; mais il ne voulut pas s'en con-
tenter, ayant imaginé de pouvoir fous le tître
de dépofitaire jouir de tout l'utile de la guerre.

Un dépofitaire armé, mes freres, quel eft ce
nouvel être forti du fein du Proteftantifme ? trou-
vez-vous dans nos livres faints quelque dogme,
qui autorifât les droits meurtriers, qu'il s'arroge ?
faire la guerre fans la déclarer, délier les fujets
du ferment, qui les attache à leur Souverain, en-
léver chevaux, chariots, fourages, vivres, les caif-
fes publiques, dépouiller les arfenaux, chaffer
de fa réfidence un Souverain, pour qui on a de
l'amitié & de l'éftime, vouloir l'affamer avec
toute fon armée, la faire prifonniére de guerre
en pleine paix, ne pas tenir feulement la trifte
capitulation, qu'on lui accorde, forcer les prifon-
niers par la faim & par les traitemens les plus
cruels à fe donner la mort, ou à commettre des
parjures facriléges, refufer le néceflaire à la Famille Royale pour la forcer à fe retirer, & avec
tout cela publier hardiment qu'on fournit abon-
damment à fon entretien, qu'on a pour elle des
égards diftingués, qu'on ménage le païs, qu'on
protége fon commerce : Hélas, mes freres ! je
me perds dans ces horreurs ; toutes les regles de
l'équité font confonduës ici avec les injuftices &
les violences, les loix doivent fervir de tîtres à
des cruautés qu'elles reprouvent & qu'elles déte-
ftent : c'eft enfin un cahos digne du pouvoir

E   mon-

monſtrueux d'un dépoſitaire enfanté par le deſpotiſme.

N'eſt-ce pas abuſer du tems, toujours précieux au Philoſophe & au Chrétien, que de l'employer aprés tout ce que je viens de rapporter, à éxaminer la queſtion : Si un Prince, après s'être porté ſans aucune raiſon légitime à des violences ſi énormes, peut faire valoir des tîtres, qu'il ne s'eſt procurés, que par un nouvel attentat ? c'eſt le cas du mémoire raiſonné, par lequel la Cour de Berlin veut juſtifier ſes violences déja conſommées.

Je vous dois encore ce ſacrifice, mes freres : ſi vous étiez dans une diſpoſition d'eſprit, à vous rendre à la vérité, les faits, que j'ai mis ſous vos yeux, ſuffiroient pour vous convaincre, qu'il eſt impoſſible, que de ce ſiſtéme d'iniquités pratiqué par la Cour de Berlin, il puiſſe jamais rien ſortir de juſte : & munis de ce préjugé légitime vous verriez d'abord, qu'on ne veut que faire illuſion par cet étalage d'inepties, qu'on debite dans le mémoire raiſonné.

On décore de la qualité de preuves ces lambeaux d'écritures, qu'on a tirées du cabinet de Dresde : & comme le moment dans lequel on veut les faire valoir, décide ſeul contre les induċtions, qu'on en tire : vû que la guerre ne peut ſe juſtifier, que par des motifs antécédents, & non pas ſubſéquents : on eſſaye de leur donner une force rétroaċtive, en aſſurant avec une hardieſſe vrayement Pruſſienne, que le Roi

en

en avoit des copies, lorsqu'il eſt entré en Saxe ; mais qu'il n'avoit pas voulu en faire uſage alors pour deux raiſons :

La premiére, parcequ'il ne vouloit pas traiter d'ennemi le Roi de Pologne ; la ſeconde, parcequ'on auroit pû douter de l'autenticité de ces copies.

L'abſurdité de ces raiſons ſaute d'abord aux yeux ; comment! on ne vouloit pas traiter le Roi de Pologne en ennemi ? non de parole ſans doute : mais bien de fait, & même d'une façon qui déshonore la parole qu'on lui avoit donnée du contraire.

Déclarer qu'on n'agit que par principe de convenance, & qu'on n'a nulle raiſon de guerre contre un Prince, tandis qu'on porte en poche des tîtres de guerre, & qu'on a fait effectivement, c'eſt ſe trouver en contradiction avec ſoimême, c'eſt démentir ſon propre fait.

La Cour de Berlin ſavoit-elle alors que celle de Dresde lui abandonneroit ſes archives, & la mettroit dans le cas de pouvoir vérifier ces copies imaginaires ? & dans cette incertitude comment a-t-elle pu riſquer de voir pourrir dans les ténébres ces témoins autentiques des crimes de la Saxe, & de la légitimité des entrepriſes de Potsdam ; de pareilles futilités tombent-elles ſeulement ſous le ſens commun ?

Le mémoire raiſonné debute donc par des impoſtures, & à l'aide de la fiction il ſe ſoutient d'un bout à l'autre dans ce beau genre de preuves.

E 2

Raſ.

Raffemblons d'abord les chefs d'accufation, qu'il nous préfente contre la Saxe.

La Cour de Saxe a eu part à tous les deffeins dangéreux qu'on a formés contre le Roi.

Ces deffeins dangéreux doivent à ce qu'en dit le mémoire raifonné, avoir été forgés à Vienne & a Petersbourg : l'Article IV. feparé & fecrét du traité de 1746. en étoit le pivot.

Il y a autant de contradictions, que de mots dans ces affertions & tout autant de calomnies.

L'article IV. ne préfente par tout que des vuĕs défenfives, de l'aveu même de la Cour de Berlin ; ainfi il ne peut point être envifagé comme un pivot de deffeins offenfifs.

Cela eft fi vrai, comme en convient la Cour de Berlin, que fi la Cour de Ruffie avoit cru pouvoir fonder fur ce traité des procédés offenfifs, elle auroit pu s'épargner la peine, d'agiter dans les affemblées de fon Sénat tenuës le 14. & 15. May 1753. & au mois d'Octobre 1755. les queftions, que la Pruffe prétend y avoir été décidées : le traité de 1746. fuppofé offenfif, fuppofoit auffi l'éxiftence des principes convenus, & arrêtés en 1753., & 1755. Mais comme de fait, (je parle toujours d'après le mémoire raifonné,) ils n'ont été adoptés que fept, ou neuf ans après l'éxiftence du traité de 1746. il eft clair & pofitif, qu'ils n'ont rien de commun avec ce traité, qui par conféquent eft toujours refté dans les bornes d'un engagement défenfif ; & que la Ruffie même n'a jamais regardé comme une bafe de méfures offenfives.   Mais

Mais la Saxe qui plus eſt, n'y a pas ſeulement accedé, de l'aveu même de la Pruſſe, donc la Saxe n'a eu part ni à ces deſſeins dangereux, dont je viens de prouver le néant par les preuves fournies par la Pruſſe même, ni au traité défenſif de Petersbourg.

Ne pouvant pas la trouver coupable de fait, on prétend la trouver telle de volonté, & on avance, qu'elle *eſt pourtant convenuë avec ſes alliés, de n'attendre pour y concourir effectivement, que le moment où les forces du Roi ſeroient affoiblies & partagées*, & qu'elle pourroit léver le maſque ſans danger.

Autre fiction, autre impoſture, *elle eſt pourtant convenuë*, où eſt cet aveu ? Pourquoi la Pruſſe ne le produit-elle pas ? Les indices, ſur leſquels elle en fonde la conjecture, prouvent même tout le contraire.

Encore le 18. Aouſt, ainſi ſeulement dix jours avant l'invaſion de la Saxe, le Comte de Flemming ne ſavoit mander autre choſe de Vienne à ſa Cour, que d'avoir appris de l'Impératrice :

„ Qu'elle ne déſiroit rien pour le préſent du
„ Roi de Pologne, comprenant fort bien la déli-
„ cateſſe de ſa ſituation ; qu'elle eſperoit cepen-
„ dant qu'il ſe mettroit en attendant en bonne
„ poſture, pour être préparé à tout événement ;
„ & que Sa Majeſté dans la ſuite du tems, en
„ cas qu'il arrivât quelque éclat entre elle & le
„ Roi de Pruſſe, ne ſe refuſeroit pas dans le be-
„ ſoin, à concourir aux meſures néceſſaires pour
„ leur ſureté mutuelle.

E 3

Trou-

Trouve-t-on dans tout ce paſſage une fillabe qui décéle un concert pris, un complot arrêté, ou plutôt, qui ne prouve pas évidemment le contraire.

Il éxiſtoit entre l'Autriche & la Saxe des engagemens défenſifs ; l'Impératrice ouvertement menacée par le Roi de Pruſſe, déclare à ſon allié le Roi de Pologne également menacé, qu'elle ne déſiroit rien de lui pour *le préſent, comprenant fort bien la délicateſſe de ſa ſituation* vis-à-vis d'un Prince qui lui auroit fait un crime d'avoir fait marcher un ſeul homme au ſecours de l'Autriche, fut-ce même d'après les engagemens les plus légitimes, les plus ſacrés ; *comprenant la délicateſſe de ſa ſituation* vis-à-vis d'un Prince qui ne conſultant que ſa convenance, ne reſpecte ni loix ni traités, ; *comprenant la délicatcſſe de ſa ſituation* vis-à-vis d'un Prince qui avoit actuellement fait avancer 60 mille hommes ſur les frontiéres de la Saxe, & qui avoit déja fixé à ce même jour 18. où l'Impératrice parloit, l'époque fatale de ſes entrepriſes ; ces réflexions engagent l'Impératrice à ne rien demander à ſon allié, réduit à une ſituation ſi critique, & à le diſpenſer par conſéquent *pour le préſent* de l'obligation de fournir des ſecours à l'Autriche, qui ſe trouvoit déja alors dans le cas, de pouvoir les réclamer ; mais *l'Impératrice eſpére* cependant, *qu'il ſe mettroit en attendant* que l'orage éclate, *en bonne poſture, pour être préparé à tout événement ;* quoi de plus naturel, que de ſe mettre en état de défenſe, lorſqu'on ſe trouve à la veille d'être

attaqué,

attaqué, & quoi de plus oppofé à la fuppofition
d'un concert pris, d'un complot arrêté, qu'un
confeil fi vague ? On avoit donc oublié les moyens
de défenfe dans ce concert, dans ce complot; il
péchoit par conféquent contre les premiérs principes de la prudence : négligence, dont on ne
devoit pas foupçonner des Cours dans le moment
même, qu'on leur fuppofe des deffeins fi dangéreux, des plans d'attaque fi bien concertés, fi
longtems médités, & fi bien calculés.

*L'Impératrice déclaroit enfin, qu'elle éfperoit que dans
la fuite du tems, en cas qu'il arrivât quelque éclat entre elle, & le Roi de Pruffe; le Roi de Pologne ne fe
refuferoit pas dans le befoin, à concourrir aux mefures
néceffaires pour leur fureté mutuelle.*

Comment ! l'Impératrice à la veille d'éxécuter
un complot arrêté entre elle & la Saxe ne parle
que de mefures néceffaires à la fureté mutuelle, &
à prendre feulement lorfque le béfoin l'exigera ,
elle en fixe l'époque au cas , encore repréfenté
douteux, *qu'il arrivât un éclat entre elle & le Roi
de Pruffe*. Le complot eft arrêté & nulle mefure
n'eft prife, on ne promet à la Saxe, qu'un concours
éventuel, à ce qu'éxigera la fureté mutuelle des
deux états ; on ne dit mot de cette favante man-
œuvre, que le Roi de Pruffe prête à la Saxe,
comme une chofe convenuë, de le laiffer paffer
avec fon armée à la faveur d'une neutralité mo-
mentanée : des alliés fi bien unis oublient jufques à la bafe de leur complot, dans le moment
même, qu'il eft queftion de l'éxécuter.

Je

Je crois de bonne foi, que l'Auteur du mémoire raifonné s'étoit égaré dans fes propres fictions, lorfqu'il prit
le parti de nous produire une preuve, qui comme celle-
ci renverfe tout fon fiftéme.

Les Miniftres Saxons, pourfuit le mémoire raifonné,
*ont fonné le Toxin contre le Roi dans toute l'Europe, & ils n'ont
épargné ni calomnies, ni menfonges, ni infinuations finiftres, pour
augmenter le mémoire de fes ennemis.*

Tous ces lambeaux d'Ecritures, ces témoins mutilés
qu'on produit ici, que depofent-ils donc? Que le Roi de
Pruffe eft un Prince ambitieux, qu'il cherche à s'agrandir,
qu'il eft un voifin très-dangereux, qu'il a formé des projets contre la Ruffie & contre la Pologne. Qui ne voit là-de-
dans quatre vérités pour une fuppofition? Tandis que
le Roi de Pruffe faifoit en pleine paix des éxactions de
guerre en Saxe, au moyen des billets de la Steuer, & par
les avanies, qu'il lui fit effuyer dans fon commerce, les
miniftres de cet état devoient, fans doute, confacrer leurs
veilles à chanter les louanges d'un Prince fi débonnaire.

Et qu'a produit enfin une correfpondance de dix années? rien, fi ce n'eft quelques intrigues perfoñelles de Miniftres, qui n'ont influé fur aucune mefure d'état; mais
je me trompe, le mémoire raifonné dit, que par le concours d'un fi grand nombre de calomnies & d'impoftu-
res, on étoit enfin parvenu à furprendre la religion de
l'Impératrice de Ruffie, & à prévenir cette Princeffe contre le Roi, au point que par le refultât des affemblées du
Sénat de Ruffie tenuës le 14. & le 15. May 1753. il fut
établi pour maxime fondamentale de cet Empire, de s'op-
pofer à tout agrandiffement ultérieur du Roy de Pruffe,
& de l'écrafer par des forces fupérieures, dès qu'il fe pré-
fenteroit une occafion favorable, pour réduire la Maifon de
Brandebourg à fon premier état de médiocrité.

II

Il faut remarquer, que les infinuations les plus fortes, ainſi que le prétend le mémoire raiſonné, ſont du 6. & 13. Fevrier, du 28. Juillet, & du 1. Decembre 1754. & des 9. & 23. Juillet 1755. de ſorte que par un miracle, elles ont produit leur effet avant leur éxiſtence : puiſque les aſſemblées du Sénat avoient déja été tenuës au moi de May 1753.

L'abſurde & le faux ne ſe remarquent donc pas moins dans l'expoſé des faits, que dans les induſtions qu'on en tire ; on n'eſt pas plus heureux dans la diſcuſſion du point de droit.

On avance que Sa Majeſté Polonoiſe a adopté pour principe; que toute guerre entre le Roi de Pruſſe, & un de ſes alliés, lui fourniſſoit un titre de faire des conquêtes ſur Sa Majeſté; & c'eſt en conſéquence, que la Pruſſe a cru pouvoir partager en pleine paix les états de ſon voiſin.

Encore un fait demontré faux par les preuves mêmes qu'on en donne, & qui n'en établiſſent que l'apparence; c'eſt que le Roi de Pologne, ou pour mieux dire, ſon Miniſtére auroit bien voulu adopter ce principe, tandis que de fait il ne l'a jamais adopté : parcequ'il n'a point accedé à l'Article IV. ſéparé & ſecrêt du traité de Petersb. de 1746.

D'ailleurs la Cour de Berlin a-t-elle bonne grace de ſe recrier contre un pareil principe, elle, qui n'a pas héſité de ſacrifier en 1744. ſa bonne foi à un partage de la Bohéme, & ſa parole d'honneur à une impoſture, en déclarant, qu'elle ne rompoit le traité de Breslau, que par généroſité d'ame, & ne demandoit rien pour ſoi: elle, qui tout recemment, ſans être ni auxiliaire, ni belligerante vis-à-vis du Roi de Pologne, a voulu forcer ce Prince à ſe joindre à elle pour partager ſes conquêtes, ou ſes pertes: elle enfin, qui même en attaquant, ſe croit autoriſée à prendre, contre foi & loi, toutes les ſuretés de ſa convénance, & à ſe porter aux injuſtices les plus criantes, à titre d'une conſervation perſonne que n'inquiéte.

Une puiſſance peut ſe ſtipuler des ſubſides, elle peut donc auſſi ſe ſtipuler du païs ; elle peut s'engager à faire

F

cauſe

caufe commune avec fon allié, elle peut donc auffi jouir de l'effet de cette communion d'intérêt, & fur tout dans le cas d'une jufte défenfe, qui fait la bafe de ce fameux Article IV. fubfiftant depuis dix ans.

Il dépendoit conftamment du Roi de Pruffe, de faire éxifter ce cas, ou point : & en bon politique il auroit dû d'autant plus en rendre l'éxiftence impoffible, par une conduite compaffée fur les difpofitions des traités qu'il obferve lui-même, que le pas n'eft pas difficile de la défenfive à l'offenfive. Il auroit dû ajouter à cette obfervation, que la défenfive devient de plein droit offenfive, lorfqu'elle eft excitée par une attaque injufte, & qu'elle peut alors jouir de tous les avantages d'une offenfive légitime, & par conféquent auffi de celui de faire des conquêtes.

C'eft là le vrai fens de l'Article IV. c'eft fon but, c'eft l'unique pivot, fur lequel il roule ; je crois, que la morale la plus rigide s'accorde avec de tels principes, & aprouve de pareilles mefures ; tout comme la bonne politique les confeille, lorfqu'appúyée fur l'expérience, elle en fent toute la néceffité.

Voilà ce que la Cour de Vienne repond avec raifon, aux objections du Roi de Pruffe contre l'Article IV. L'identité de la caufe de cette Cour avec celle du Roi de Pologne, fur un objet fi grave, me fait ici confondre leurs défenfes ; mais avec plus d'équité & plus de juftice, que l'auteur du mémoire raifonné ne confond leurs vuës. Nous venons de voir, que le fait & le droit eft contre lui à l'égard de la Saxe, il l'eft auffi en ce qu'il dit contre la Cour de Vienne, & pour en achever la démonftration, je veux encore le confondre par fes propres preuves.

Il fuppofe à la Cour de Vienne, un plan de politique qui tendoit à brouiller le Roi avec la Cour de Ruffie, & de cette fuppofition il paffe de plein faut à un concert, & un complot déja éxiftant au mois de Janvier de l'année courante.

La première partie de ce fiftéme chymérique eft étayée par trois morceaux de lettres formant un corps de preuves
ridicules

ridicules à la vérité, mais trés-refpectables dès quelles favo-
rifent la Cour de Berlin.

Le Baron de Pretlach doit avoir dit le 18. Avril 1747.
au Comte de Vicedom, qu'il avoit réuffi à infpirer à
l'Impératrice de Ruffie des fentiments d'inimitié contre le
Roi de Pruffe, qui alloient au fuprême degré.

L'événement prouve, que ces prétendus fentimens d'i-
nimitié ont refté au fuprême degré, mais fans aucun effet
pendant dix ans, & que fi fa Majefté *Czariennne* fait enfin
marcher aujourd'hui des armées contre le Roi de Pruffe, ce
n'eft qu'après qu'il a fait éxifter le cas de l'alliance de 1746.
& ajoute à cet attentât des offenfes, qu'il bleffent la dignité
de cette grande Princeffe.

Les manœuvres qu'on prête enfuite au Secrétaire de
légation, de Weingarten, & au Comte de Bernes, portent
en partie fur des objets très-réels; par éxemple fur les préparatifs militaires de la Pruffe en 1748. & en partie fur des
intrigues, auxquelles la Cour de Vienne vraifemblablement
n'avoit aucune part, & qu'elle auroit fans doute défaprou-
vées, fi elle en avoit eu coñoiffance : du moins je ne vois rien
dans les lettres, que l'auteur du mémoire reclame ici, qui
indiquât que la démarche que le Comte de Bernes fit vis-
à-vis du Comte de la Puebla, eut été ordonnée par fa Cour,
ou qu'elle pût feulement en avoir une connoiffance préa-
lable : ces piéces me paroiffent d'alleurs avec raifon très-
fufpectes; font-ce des copies, font-ce des originaux qu'on
nous produit ? Si ce ne font que des copies, l'Auteur
nous en impofe, en affurant qu'il s'eft procuré les originaux des documens qu'il employe ; fi ce font des originaux, où le Roi de Pruffe a-t-il pu les trouver ? il n'a point
dépouillé les archives de Vienne, ni les dépôts des léga-
tions Autrichiennes à Petersbourg & à Berlin.

Quoiqu'il en foit, ces preuves ténébreufes commen-
cent l'an 1747. & finiffent l'année 1749.

Chacune de ces trois années n'a fourni qu'un lambeau
de lettres, & fur cela on fuppofe à la Cour de Vienne un

 plan

plan de politique, qui tendoit à irriter Sa Majefté l'Impératrice de Ruſſie contre le Roi de Pruſſe, dans la vuë de faire naître une occaſion de pouvoir convertir en alliance offenſive le traité défenſif de 1746. En vérité de pareils raiſonnemens font pitié.

Il y a fur cet objet dans les preuves Pruſſiennes un petit vuide de plus de 5. années, que l'auteur du mémoire raiſonné, n'a pas ſû remplir: il prend donc le généreux parti de ſauter ce petit intervalle, pour arriver d'autant plutôt au denouëment de la piéce : c'eſt ce concert & ce complot déja arrêté au mois de Janvier de la préſente année entre les Cours de Vienne & de Petersbourg.

La Cour de Berlin avoit d'abord honoré ce concert de la qualification de traité offenſif; mais on lui doña un démenti, qui l'engagea à baiſſer le ton, & à repréſenter dans ſes reſcrits allemands, les négociations entre les Cours de Vienne & de Petersbourg, comme un acheminement à un concert offenſif; la déprédation du Cabinet de Dresde reléva enſuite le courage abbattu, & l'on cria de nouveau au complot.

Cependant tous les témoins qu'on fait paroître fur la ſcène, font gens de bonne foi, qui aſſurent, qu'ils ne comprennent rien à ce qui ſe paſſe entre les Cours de Vienne & de Petersbourg. Qu'on liſe les lettres du Sr. Praſſe & du Comte de Flemming, mutilées comme on nous les préſente, & en ce qu'elles ont rapport à un concert entre les Cours de Vienne & de Petersbourg : l'on trouvera que de l'aveu même de ces témoins, il n'eſt queſtion que d'ouvertures générales & obſcures, auxquelles ils n'entendent abſolument rien; Mr. le Comte de Flemming mande même en termes exprès du 19. Juin, tems auquel le Roi de Pruſſe faiſoit déja d'immenſes préparatifs de guerre, que la retenuë qu'on obſervoit à Petersbourg, lui paroiſſoit être conforme à celle qu'on gardoit à Vienne, *où l'on ſe contente également de donner à entendre qu'on n'a d'autre deſſein que de ſe tenir en repos, & ſe préparer en attendant à tout événement qui pourroit arriver dans les préſentes conjonctures.*

Cette

Cette dépofition ne va-t-elle pas directement contre la qualité d'un témoin inftruit, tel qu'on veut faire figurer ici le Comte de Flemming, & contre l'objet du témoignage, qui, au lieu d'un complot, n'annonce que la refolution de fe tenir en repos, & de fe préparer en attendant à tout événement.

Nous verrons tout-à-l'heure, que Mr. le Comte de Flemming avouera lui-même & cela encore le 28. Juillet, qu'alors feulement on lui a parlé avec plus d'ouverture, & de confiance, qu'on ne l'avoit fait précédemment ; ainfi jufques-là le Comte de Flemming n'étoit ni acteur, ni même fpectateur inftruit, & fe trouvoit par conféquent dans une pofition trés-oppofée au perfonnage qu'on lui fait faire dans le mémoire raifonné ; il difoit même le contraire de ce qu'on veut lui faire dire, & dépofe contre cette imputation du mémoire raifonné, comme nous venons de le voir dans l'article de fa lettre du 19. Juin.

Mais on nous livre enfin une depêche entiére de ce Miniftre, & fi contre l'intention de la Cour de Berlin, elle ne prouve pas encore le complot qu'on s'étoit engagé à demontrer, du moins donne-t-elle des foupçons fur les intentions, que peut avoir eu la Cour de Vienne, ou fon chancelier le Comte de Kaunitz Rittberg dans la premiére reponfe qu'on a donnée à Monfieur de Klinggraff.

Voici les conclufions, qu'en tire l'Auteur du mémoire raifonné : *On voit clairement par-là, que le Comte de Kauniz, en dictant à fa Souveraine la reponfe fufmentionnée, s'eft propofé de fermer la porte à toute voye d'éclairciffement & de conciliation, & de pourfuivre en même tems les préparatifs de fes deffeins dangereux, dans l'attente, que le Roi pouffé à bout feroit quelque démarche, dont il pourroit fe fervir pour le faire paffer pour agreffeur.*

Si telles ont été effectivement les vuës du Comte de Kaunitz, il faut avouër que le Roi de Pruffe a donné dans le panneau ; mais la reponfe même eft diamétralement oppofée aux deffeins qu'on prête ici à ce Miniftre.

Cette reponfe portoit en fubftance : " Que les préparatifs de l'Impératrice n'étoient que défenfifs, & ne tendoient d'ailleurs au préjudice de perfonne. Cette

Cette déclaration, pour repondre aux vuës du Comte de Kaunitz, *devoit fermer la porte à toute voye d'éclaircissement & de conciliation*; elle ouvroit plutôt cette porte, au lieu de la fermer.

Le Roi de Prusse demandoit, si les préparatifs de l'Impératrice étoient dirigés contre lui? cette Princesse repond, mes préparatifs ne font que défensifs, & ne tendent au préjudice de personne, donc ils n'étoient pas dirigés contre le Roi de Prusse, donc ils ne tendoient pas à son préjudice, donc il n'en avoit rien à craindre.

Mais on vouloit ,,se ménager une occasion de pouvoir ,,les continuer, dans l'attente, que le Roi poussé à bout feroit ,,une démarche, dont on pourroit se servir pour le faire ,,passer pour agresseur.

Il ne dépandoit absolument que du Roi de Prusse, de frustrer la Cour de Vienne de cette prétenduë attente : on ne continue pas des préparatifs défensifs, dès que le motif de la défense cesse, & le Roi de Prusse pouvoit le faire cesser d'un moment à l'autre ; une simple déclaration suffisoit pour opérer ce grand effet. Il n'avoit qu'à dire à la Cour de Vienne, que ses préparatifs n'étant également que défensifs, & le repos des deux Cours éxigeant qu'on remit de part & d'autre les choses dans l'état préscrit par des traités solemnels, il alloit s'y conformer de son côté, éspérant que la Cour de Vienne ne feroit pas difficulté de suivre son éxemple. La réponse de l'Impératrice fermoit-elle la porte à de pareilles déclarations, à de pareils éclaircissemens, à de pareilles voyes de conciliation ? & si le Roi de Prusse avoit jugé à propos de prendre ces voyes, comment pouvoit-il alors se trouver dans le cas de se voir poussé à bout? car ou la Cour de Vienne se feroit prêtée à une déclaration analogue à celle qu'il lui auroit faite, où elle s'y feroit refusée ; au premier cas tout étoit dit, & on ne pouvoit plus, sans se charger du blâme de l'agression, s'écarter de la loi que l'on se feroit imposée ; au dernier cas la Cour de Vienne se mettoit dans la nécessité de justifier à la face de l'univers la

conti-

continuation de ses préparatifs, qui auroient perdu le mérite de n'être que défensifs, parceque le Roi de Prusse en auroit fait cesser le motif. Ou étoit alors la politique du Comte
de Kaunitz ? y a-t-il seulement de la vraisemblance, qu'une
reponse susceptible de toutes les modifications, que je viens
de détailler, puisse avoir été conçuë dans les vues qu'on sup-
pose à ce Ministre ; Mr. le Comte de Flemming ne voudra
pas, sans doute, opposer des conjectures à l'évidence; il est trop
honnête pour avoir de pareilles prétentions : cela n'appartient qu'à l'auteur du mémoire raisonné.

Que l'univers prononce à cette heure sur la légitimité
des motifs, qui ont fait prendre les armes à Fréderic : c'est la
cause de l'humanité, tout le monde est en droit d'en prendre
connoissance. Je joins à ce titre général, le devoir qui oblige
tous les vrais Protestans à veiller à ce qui peut intéresser leur
Religion ; & je ne trouve rien dans cette querelle particuliére
de la Maison de Brandebourg, dans cet engagement person-
nel du Roi de Prusse, qui puisse justifier le devouëment fana-
tique, que je remarque dans l'agitation, où je vois mes freres.
J'ai mis sous leurs yeux toutes les époques du regne de ce
Prince, le Principe de ses principes, je veux dire, son gouvernement militaire, cet objet de terreurs universelles, ses actions,
ses procedés : n'y ont-ils pas vu que les Protestans, come les
Catholiques, les constitutions de l'Empire, comme les pactes
de famille, l'autorité du chef suprême, comme l'indépendance, & les libertés des membres de l'Empire, tout a été sacri-
fié à son envie de s'agrandir & de dominer. Quel est donc le
principe de leur attachement pour la Maison de Prusse ? est-
ce la crainte, qu'ils ont de la puissance de la Maison d'Autriche ? mais le Protestantisme a pris naissance, lorsque cette
Maison étoit au plus haut point de sa grandeur, & il s'est soutenu contre toutes ses forces. Depuis Charles V. aucun Prince
de cette Maison n'a été plus puissant que Charles VI. & le Protestantisme a-t-il jamais soutenu ses droits avec plus d'éclat
que sous son regne ? est-ce qu'ils veulent établir une éspéce
de surprématie, & subordonner toutes les Puissances Prote-

stantes

ftantes à une feule Maifon ; cette idée feroit monftrueufe &
pour cela même je crains, que ce ne foit l'objet fecrèt des
travaux apoftoliques des F..... des S..... & des U.... Je vois
même qu'on en a jetté les fondemens par ce fameux projet,
qui accordoit au Roi de Pruffe le pouvoir perpétuel, & irré-
vocable de faire éxécuter dans tous les cercles de l'Empire,
les difpofitions du traité de Weftphalie en matiére de Religion. Il s'étoit formé alors une éfpéce de confpiration à
Ratisbonne en faveur de cet établiffement, & pour en rendre
l'éxercice auffi arbitraire que pouvoit l'éxiger l'intérêt do-
meftique de la Cour de Berlin, on commença par adopter
publiquement le principe, qu'une grande Puiffance, comme
Sa Majefté Pruffienne, pouvoit fe difpenfer des régles, que
préfcrit le traité de Weftphalie, tandis qu'un Prince Proteftant
moins puiffant, devoit s'y foumettre fans réplique : de façon
que le Roi de Pruffe pourroit faire bâtir autant qu'il voudroit,
d'Eglifes Catholiques dans fes Etats, tandis qu'un Comte de
Wied-Runckel ne pouvoit pas admettre quelques Capucins.

Voilà les horribles conféquences, qui refultent d'un attachement aveugle, ou interéffé : mais il en eft une autre,
qui me fait frémir : comment fauver la pureté de notre foi,
la juftice de nos préceptes, l'équité naturelle même, fi
toutes les guerres de la Maifon de Brandebourg doivent
être regardées comme un intérêt de Religion ? comment!
ce lieu facré nous feroit prendre part à toutes les horreurs
d'une guerre injufte ? cette Religion, qui prêche la paix
& la charité, ne m'enfeigneroit plus que les pillages, les
rapines, & les meurtres ? Je la détefterois, fi elle fe prê-
toit à de fi abominables complots.

F I N.